AF371155

CATALOGUE

D'OBJETS D'ART

ET DE CURIOSITÉ

Belle réunion de Faïences de Bernard de Palissy, Faënza, Émaux des règnes de Louis XIII, Louis XIV, Louis XV et Louis XVI, Tableaux, Miniatures, Bijoux et Objets anciens en argent et filigrane, Ivoires, Porcelaines anciennes montées, Bronzes anciens, Pendules, Meubles en marqueterie de Boule, Bois sculpté et Bois doré, belles Glaces anciennes, etc., etc.,

DONT LA VENTE AUX ENCHÈRES PUBLIQUES AURA LIEU,

HOTEL DES VENTES MOBILIÈRES

SALLE N. 3,

RUE DES JEUNEURS, 16,

Les jeudi 19, Vendredi 20, et Samedi 21 Novembre 1846, à midi.

Par le ministère de Mᵉ **RIDEL**, Commissaire-Priseur, rue Saint-Honoré, 335.

Assisté de M. MANNHEIM, Mᵈ de Curiosités, r. de la Paix, 8,

Chez lesquels se distribue le catalogue.

EXPOSITION PUBLIQUE

Le Mercredi 18 Novembre 1846, de midi à 5 heures.

PARIS,

IMPRIMERIE ET LITHOGRAPHIE DE MAULDE ET RENOU,

Rue Bailleul, 9 et 11, près du Louvre

1846

CONDITIONS DE LA VENTE.

Elle sera faite au comptant.

Les acquéreurs payeront, en sus des adjudications, cinq centimes par franc, applicables aux frais de vente.

CATALOGUE

D'OBJETS D'ART

ET DE CURIOSITÉ

DÉSIGNATION

Faïences.

1. Faïence de Faenza. — Une aiguière et son plat
de la meilleure époque du XVI⁰ siècle,
l'aiguière d'une belle forme ovoïde à
goulot à enroulement. *Sujets.* Persée
tranchant la tête de la Gorgone, près
d'eux le cheval Pégase, à blason et mo-
nogramme HE. B.

2. Id. — Une autre aiguière et son plat, jolie
forme. Jésus devant Pilate et Saint-Jean
prêchant dans le désert.

3. Faïence de Bernard de Palissy. — Un hanap
forme très gracieuse, sujets Saints, ornements et mascarons, tête de lions en
relief.

l'histoire d'Annibal, très riches de composition.

28. Faïence — Un plateau creux : Apollon et Chiron.
29. Id. — Un plat : Diane surprise, date de 1545
30. Id. — Un plat, sujet mythologique.
31. Id. — Une coupe, Hercule et Omphale.
32. Id. — Une coupe d'un bel émail à blason.
33. Id. — Id. Joseph conduit en prison.
34. Id. — Id. Sujet de l'ancien testament.
35. Id. — Id. Sacrifice d'Abraham.
36. Id. — Id. Judith et Holopherne.
37. Id. — Un petit plateau : Jupiter et Io.
38. Id. — Une assiette : Mercure endormant Argus.
39. Id. — Une assiette : Vulcain forgeant des flèches à l'Amour.
40. Id. — Id. Sujet mythologique, date 1550.
41. Id. — Id. Sujet tiré de métamorphoses d'Ovide, date 1550.
42. Id. — Id. Enlèvement d'Europe.
43. Id. — Id. Minerve.
44. Id. — Id. Captif devant un prince.
45. Id. — Id. Enlèvement d'Europe.
46. Id. — Id. Diane.
47. Id. — Id. Pallas.
48. Id. — Id. Minerve va trouver l'Envie.
49. Id. — Id. L'Ange et Tobie.
50. Id. — Id. La Religion sous la figure d'une femme.

51. Faïence de Faënza. — Une assiette. Pyrame et
Thisbé.

52. Id. id. —Guerrier romain à cheval.

53. Id. id. — Le temps debout sur une
sphère terrestre.

54. Id. — Trois assiettes, sujets divers.

55. Id. — Une assiette, Héros et Léandre.

56. Id. — Un plateau creux, au centre un
Amour bandant son arc, à bord
fond bleu et fruits coloriés.

57. Id. — Une assiette, au centre un Amour,
le bord à trophées d'armes au bistre
sur fond bleu.

58. Id. — Une assiette, au centre un Amour,
à bord trophées de musique sur
fond bleu.

59. Id. — Un plateau creux, au centre un
Amour, le bord à trophées d'armes
au bistre sur fond vert. Date 1562.

60. Id. — Trois assiettes, ornements divers,
par compartiments très riches de
couleur, au centre des trophées
d'armes.

61. Id. — Deux petites assiettes, trophées
d'armes et de musique, camaïeux
gris sur fond bleu.

62. Id. — Deux assiettes fond blanc à blason
et ornements du XVIe siècle, chi-
mères.

63. Faïence de Faënza. — Une assiette creuse fond
blanc, au centre un Amour, et les
bords à ornements du XVIᵉ siècle.

64. Id. — Une jolie petite coupe sur piédouche et à côtes fond gris, à ornements bleu et blanc, au centre
buste de femme.

65. Id. — Une coupe à blason de cardinal, à
gloire en relief et en couleur mé-
tallique.

66. Id. — Deux jolis petits plateaux creux,
du plus bel émail. Naissance de
Castor et Pollux.

67. Id. — Une assiette. Mucius Scœvola devant Porsenna.

68. Id. — Six petites assiettes, Jonas et la
baleine, Daphnée changée en lau-
rier, etc. etc., seront divisées.

69. Id. — Quatre petites coupes, sujets divers, seront divisées.

70 Id. — Deux petites assiettes. Satyre mon-
tant à un arbre, et un guerrier.

71 Id. — Trois petites coupes creuses, sujets
Amours.

72 Id. — Deux toutes petites coupes, sujets
saints et amours.

73 Id. — Quatre belles tasses, riches d'émail,
à paysages et autres, rehaussées d'or

74. Id. — Deux petites assiettes, fonds paysage, bords à Amours et rehaus-
sées d'or.

75. Faïence ancienne. — Deux assiettes fond bleu, fruits coloriés.

76. Faïence de Faënza.— Berger dans un paysage.

77.   Id.   — Une coupe sur piédouche, Pyrame et Thisbé.

78.   Id.   — Une plus grande. Persée délivrant Andromède

79   Id. ancienne.— Six grands plats, fond blanc et dessins divers, seront divisés.

80   Id.   id.   — Huit coupes et un couvercle, forme et dessins divers, seront divisés.

81. Faïence allemande. —Deux plateaux, jolis décors, dont un à bord de fruits à jour.

FAÏENCE DE BERNARD DE PALISSY.

82. — Une coupe ovale. Sacrifice d'Abraham.

83. — Une id.   id.   Suzanne et les vieillards.

84. — Une id.   ronde. Mars et Vénus.

85. — Une id.   id.   Jugement de Salomon.

86. — Deux id.   id.   Bergers et bergères, seront divisées.

Ces six coupes sont à bords riches d'ornements, d'un bel émail et d'une parfaite conservation.

87. Faïence ancienne. — Une salière ronde, à bord découpé, fond bleu lapis et ornements jaunes.

88.   Id.   — Deux pantoufles à talons élevés, ornées de dessins divers coloriés.

89. Faïence ancienne. — Un coq formant vase à
couvercle, à plumes coloriées.

90.   Id.   — Une théière et un pot à crême, sujet de chasse.

91.   Id.   — Un bidon, forme livre, orné d'un
chevalier vu à mi-corps.

Émaux.

92. Peinture sur émail. — Deux grands tableaux,
forme haute, cintrée, sujets saints; la
Crèche et la Mise au tombeau, époque
Louis XIII.

93   Id.   — Portrait de Charles Ier d'Angleterre, d'après Van Dick.

94.   Id.   sur porcelaine. Molière.

95.   Id.   — Portrait d'un prince français, cos-
tume époque Louis XIV.

PEINTURE SUR ÉMAIL.

96. Deux têtes de vieillard, d'après Rembrandt,
forme ovale.

97. Portrait du cardinal Mazarin, cadre à émaux
en relief, style du XVIe siècle.

98.   Id.   du prince Auguste de Holstein Got-
torb.

99.   Id.   de Thomas, lord Dartrey.

100.   Id.   du roi Georges d'Angleterre.

101.   Id.   d'un prince de Saxe, par Schneller,
1705.

102.   Id.   d'un prince allemand.

103.   Id.   d'un prince français, époque Louis
XIV.

Peintures sur émail.

104.	Portrait	d'un jeune anglais, époque Louis XVI.
105.	Id.	d'un évêque.
106.	Id.	d'une dame anglaise.
107.	Id.	de chevalier, costume et époque Louis XIII.
108.	Id.	d'officier supérieur français, époque Louis XV.
109.	Id.	d'un souverain, costume de cuirassier, époque Louis XV.
110.	Id.	du grand Frédéric , roi de Prusse.
111.	Id.	d'un prince de la maison d'Autriche.
112.	Id.	d'un grand seigneur prenant une prise de tabac.
113.	Id.	d'un souverain.
114.	Id.	d'un prince, costume moscovite, par Rode.
115.	Id.	d'un souverain allemand , costume Louis XV.
116.	Id.	d'un grand seigneur, id. id.
117.	Id.	Id. monté sur applique d'argent.
118.	Id.	d'un souverain , époque Louis XIV, sur or.
119.	Id.	Id. Id. Id.
120.	Id.	d'homme, époque Louis XVI.
121.	Id.	de Louis XIV.
122.	Id.	Sept petits portraits de femmes , costumes divers , seront divisés.
123.	Id.	Six portraits d'hommes costumes divers, seront divisés.

124. **Portraits.** Deux petits portraits de femmes en-
tourés d'un cordon émail vert.

125.   Id.   Portrait du grand Frédéric, roi de
Prusse.

126.   Id.   Une cuvette de montre sur or : Nym-
phe surprise au bain.

127.   Id.   Autre cuvette de montre : Femme et
arlequin.

128.   Id.   Id. sur or : Femme à laquelle on offre
des présents.

129.   Id.   Paysage sur or, forme ovale.

130.   Id.   Marine sur or, forme carré long.

131.   Id.   Sainte Famille sur or, forme ovale.

132.   Id.   Deux paysages forme ronde.

133.   Id.   Deux grisailles sur fond brun, forme
ovale : la Muse de la Musique et de
la Comédie.

134.   Id.   Enlèvement d'Europe et Prométhée,
forme ovale, 2 pièces.

135.   Id.   Deux pièces forme ovale; sujet, Mé-
léagre.

136.   Id.   Deux pièces, jeune fille et jeune gar-
çon, camaïeux brun.

137.   Id.   Deux pièces forme ronde, Amour grisaille sur fond rouge.

138. **Peinture sur émail.** — Quatre pièces, Amours
camaïeux bruns, seront divisés.

139.   Id.   Sous ce numéro seront vendus diffé-
rents objets, sujets saints, profanes,
paysages, etc., de différentes épo-
ques.

Curiosités diverses.

140. Une grande et belle table forme carrée reposant sur quatre pieds carrés de même en ivoire à moulures et enrichie de plaques en lapis lazzuli.

141. Un fauteuil à bras, même travail, orné de bustes et de mascarons; ces deux belles pièces capitales et uniques dans leur genre doivent remonter à l'époque de Louis XIII.

142. Ivoires. — Un coffret à bijoux forme octogone à moulures et colonnettes.

143. Id. Autre coffret à bijoux forme carré long, paysages et ornements sculptés à jour et par compartiment, travail chinois.

144 Id. Un petit cabinet à deux portes et tiroirs sculpté à bas-relief: sujets, Adam et Ève et animaux; genre de l'Inde époque Louis XIII.

145. Id. Une boîte ovale sculptée à bas-relief; sur le couvercle la Samaritaine, et autour Daniel dans la fosse aux lions.

146. Id. Une grande corbeille à trois compartiments superposés sculptés à jour, travail chinois.

147. Id. Statuette de sainte Madeleine agenouillée, XVIᵉ siècle.

148. Id. Figurine de sainte femme en prière, XVIᵉ siècle.

149. Ivoires. — Jolie petite figurine, Cupidon.

150. Id.   Toute petite figurine, l'Enfant-Jésus,
             XVI* siècle.

151.   Un coffret à bijoux en écaille à écoin-
            son de cuivre repoussé, orné de tê-
            tes d'Omphale en repoussé d'argent.

152. Id.   Deux peignes en bois à galerie à jour,
            travail du XVIe siècle.

153.   Bois sculpté, un petit bas-relief à trois
            figures.

154. Id.   Bas-relief, buste, un paysan flamand.

155.   Une grande boîte ronde en écaille à
            piqué d'or et figurines incrustées
            en nacre de perle.

156.   Un drageoir en écaille forme carrée
            à piqué d'argent et figures en na-
            cre de perle.

157.   Une boîte ronde en vernis par Mar-
            tin, à sujets genre Téniers.

158.   Une autre plus petite, sujet cham-
            pêtre.

159.   Un étui vernis par Martin, fond or,
            et volatile galon d'or.

160.   Un autre fond rouge sur paillon à tro-
            phée de musique, contenant 2 petits
            flacons.

161. Une tabatière, forme contournée, en porcelaine
     de Saxe, à médaillon, sujet chasse, et à dentelle
     d'or.

162. Une boîte carrée en porcelaine de Saxe, sujet
     paysage, enrichie de figures.

163. Une bonbonnière en porcelaine de Saxe, forme fleurs, montée en vermeil.

164. Une petite tabatière ovale, en or guilloché, le couvercle orné d'une grisaille sujet flamand.

165. Deux petits colliers en filigrane d'or, émail noir et blanc.

166. Une petite cassolette à six compartiments, en argent gravé, travail du seizième siècle.

167. Un petit nécessaire, contenant deux petits étuis en vermeil et deux flacons.

168. Deux tasses en argent émaillé, époque Louis XIII, sujets mythologiques.

169. Un couteau et sa fourchette, à manches émaillés, à fruits et fleurs en relief.

170. Un couteau et sa fourchette, à manches en cornaline rouge et virole vermeil.

171. Trois couteaux et une fourchette, à manches en ambre sculpté.

172. Un lot de pièces en ambre sculpté, qui sera divisé.

173. Une cuillère en cristal de roche, montée en vermeil.

174. Une montre ovale, en cuivre doré, Louis XIII.

175. Un fusil à rouet, à incrustations d'ivoire gravé.

176. Un lot, soieries anciennes, qui sera divisé.

Bronzes.

177. Plusieurs lampes hollandaises, dont quelques unes riches seront vendues séparément.

178. Un ostensoir gothique en cuivre doré, à colonnettes et ogives.

179. Une petite pendule en cuivre doré.

180. Une horloge en fer, à dôme carré et ornements
découpés.

181. Six bras à applique en cuivre hollandais.

182. Un hanap, grande dimension, en cuivre rouge
repoussé, à figures, cariatides et inscriptions,
et portant l'aigle à deux têtes, avec date de
1797.

183. Un vase en bronze doré, époque Louis XV.

184. Une pendule en bronze doré, sujet à trois figures, sur socle en marbre blanc, époque
Louis XVI.

185. Autre pendule en bronze doré, même époque,
à trophée de musique.

186. Bronze italien; une écritoire ornée d'une figure de Satyre, portant un cornet faisant flam-
beau.

187. Bronze italien; une écritoire, Eléphant portant
une tourelle.

188. Bronze italien; une lampe, figure d'Homme
agenouillé, portant un vase sur l'épaule droite.

189. Bronze italien; une écritoire, Vase supporté
par trois figurines d'enfants, le couvercle formé
d'un Chien, vu à mi-corps.

190. Bronze italien; une statuette, le dieu Mars.

191.   Id.   trois figurines, Jupiter, Mercure et Guerrier étrusque.

192. Bronze antique, Hercule coiffé de la peau du
lion de Némée.

193. Un encrier, cuivre repoussé et doré.
194. Deux petits cadres en cuivre repoussé, rocaille.
195. Bronze français ancien, petit buste de Charles IX.
196. Deux statues-enfants, de grandeur naturelle, Germanicus et Antinoüs.

Porcelaines.

196 bis. Une glacière et son couvercle en vieux Sèvres tendre, fond blanc, bord à rubans et fleurs.
197. Un pot à crême, Sèvres tendre, feuille de choux.
198. Une petite tasse et sa soucoupe, Sèvres tendre, médaillons, fleurs à bordure bleu clair.
199. Deux pots à eau, porcelaine de Chine.
200. Cinq vases, forme carrée, blanc et bleu, Chine.
201. Dix bols, décors divers, porcelaine de Chine, à fleurs et mandarins, qui seront divisés.
202. Un cabaret en porcelaine d'Allemagne, fond blanc et oiseaux.
203. Un autre, fond blanc et dessins dorés.
204. Un autre, pour enfants, avec plateau, fond bleu et à fleurs.
205. Deux petits flambeaux, à deux branches, en porcelaine de Chine et bronze doré, rocaille.
206. Diverses pièces, compotiers, plats, tasses, etc., seront vendues séparément.

207. Deux rafraîchissoirs en faïence blanche, forme Sèvres, à anses et gorges dorées.

Meubles.

208. Deux belles glaces, à bordures richement sculptées et dorées, époque Louis XVI.

209. Une glace à bordure sculptée, Ustensiles et travaux de chimiste.

210. Une glace-trumeau, à bordure sculptée et dorée, genre rocaille.

211. Une autre, à bordure sculptée, peinte et dorée.

212. Une glace à bordure sculptée et dorée, fleurs et rocaille.

213. Une glace à bordure sculptée, genre rocaille.

214. Une console richement sculptée époque de Boule, sur quatre pieds carrés à jour et entrejambe orné d'un vase.

215. Une console époque Louis XV en bois sculpté et doré, ornements rocaille et fleurs et entrejambe à X.

216. Une console bois sculpté et doré, ornements rocaille sur quatre pieds et entrejambe à X.

217. Deux petites consoles sculptées et dorées peintes en partie.

218. Une petite console Louis XVI, bois sculpté et doré, ornements à jour sur pieds cannelé.

219. Une console Louis XV, bois sculpté et doré à mascarons.

220. Deux consoles bois sculpté à jour, forme rocaille et peint.

221. Deux consoles bois sculpté peint et doré.
222. Deux autres en bois de chêne sculpté.
223. Quatre consoles sculptées formes diverses, seront vendues séparément.
224. Une grande et belle bordure de glace sculptée à figure et mascarons dorés.
225. Deux bordures carrées sur hauteur en bois sculpté et doré.
226. Deux bordures en bois sculpté à jour et doré.
227. Trois autres.
228. Trois candélabres applique en bois sculpté et doré, époque de Boule.
229. Deux autres, époque Louis XV à glace.
230. Un canapé en bois sculpté, garni en velours vert.
231. Quatre chaises pareilles, foncées de canne.
232. Une console, cul-de-lampe, en bois sculpté, à jour et doré.
233. Un pied de guéridon richement sculpté, à figures.

Objets en argent et filigrane.

234. Plusieurs gobelets allemands, à médailles, en vermeil, à piédouches et couvercle.
235. Un reliquaire formé par la double aigle impériale d'Autriche, en filigrane d'argent (470 g.).
236. Un panier à anse, en filigrane.
237. Un porte-flacon, formant tour gothique, en filigrane.

238. Un reliquaire, en filigrane.
239. Une boîte de nacre, garniture en argent.
240. Une jolie miniature, Vénus couchée.
241. Une belle miniature italienne, Diane après l chasse.
242. Deux fixés en un seul cadre, sujets bibliques, d'après Rubens.
243. Une tabatière avec miniature.
244. Environ 40 tableaux peints à l'huile.
245. Sous ce numéro, seront vendus les objets non compris au présent catalogue.

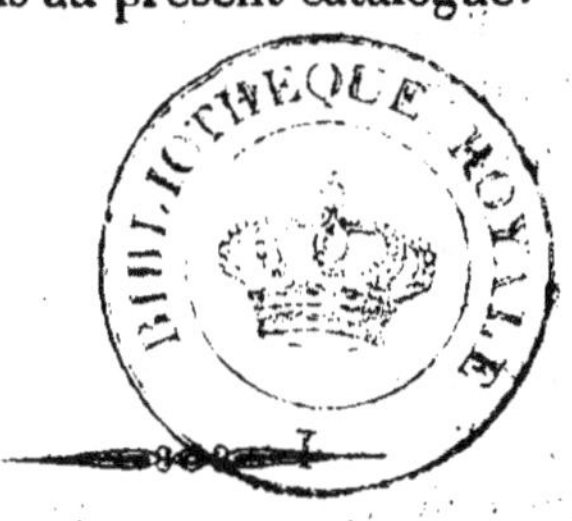

IMPRIMERIE MAULDE ET RENOU,
Rue Bailleul, 9-11.